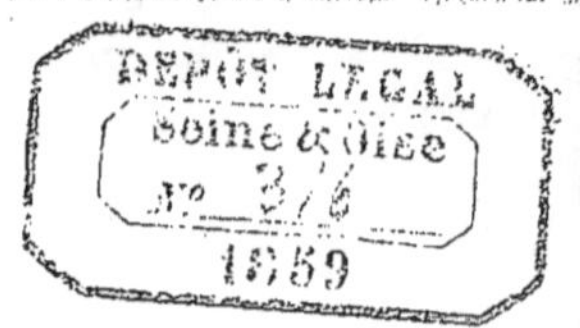

ALLOCUTION

EN FAVEUR DES BLESSÉS

ET DES

FAMILLES DES MILITAIRES

TUÉS OU BLESSÉS

A L'ARMÉE D'ITALIE

PRONONCÉE

PAR M. LE CURÉ DE SAINT-GERMAIN

A la Messe d'Actions de grâces célébrée dans l'Église paroissiale, le 24 Juillet 1859.

Se vend 30 centimes, au profit d'une bonne œuvre.

A St-GERMAIN-EN-LAYE,

CHEZ LES LIBRAIRES DE LA VILLE.

1859

Veneruntque omnes ad domum Dei in Silo, et in conspectu ejus sedentes, levaverunt vocem, et magno ululatu cœperunt flere.

De libro Judicum, c. xxi, ỳ **2.**

Après de glorieuses victoires remportées sur leurs ennemis, les enfants d'Israël, touchés du sort des tristes victimes de la guerre, vinrent tous en la maison du Seigneur, et là, élevèrent vèrs le Ciel leurs voix suppliantes, et donnèrent un libre cours à leurs larmes.

Ce spectacle attendrissant d'un peuple vainqueur qui, au lendemain de sa victoire, vient se prosterner dans la maison de Dieu, et mêler aux accents de sa reconnaissance les soupirs et les larmes que lui arrache le souvenir de ceux qui ne sont plus, ce spectacle, C. M. F., c'est celui que vous présentez en ce moment à nos regards. Sans doute que, prosternés au pied des autels du Dieu qui tient dans ses mains la destinée des empires, qui inspire ou qui confond, selon les décrets de sa justice ou de son amour, les conseils des peuples et des rois, sans doute que vous venez ici pour rendre à ce Dieu tout-puissant de solennelles actions de grâces, à l'occasion du triomphe définitif accordé à nos légions invincibles, et qui doit assurer au monde chrétien une paix glorieuse et durable. Mais un autre motif non moins digne de vos cœurs, non moins cher à l'Eglise, vous amène aussi en ce saint temple. Vous n'avez pu penser sans frémir au sang que la guerre même la plus juste fait répandre, aux douleurs, aux déchirements, aux cruelles séparations qui en sont les suites inévitables, et vos âmes compatissantes ont vivement ressenti le contre-coup de toutes ces angoisses. Ni la joie du triomphe, ni le bruit de l'allégresse publique, ni les chants de la reconnaissance n'ont pu vous empêcher d'entendre les gémissements des blessés, les plaintes que la douleur et l'inquiétude arrachent aux mères privées de leur soutien, aux veuves et aux orphelins sans appui, et vous venez ici avec la pieuse pensée de contribuer tous à alléger, autant qu'il est en vous, ces souffrances et ces épreuves.

Oui, C. M. F., ces souffrances, ces épreuves cruelles nous les ressentons en nous. Ceux qui souffrent là-bas, loin de la patrie, loin de leurs mères, ceux qui souffrent peut-être, hélas! sans espoir de retour, ne sont-ils pas nos frères, ne sont-ils pas l'os de nos os, la chair de notre chair? Leur âme n'a-t-elle pas des affinités avec la nôtre? Et la cause même qui a amené leurs blessures et leurs souffrances, n'est-elle pas notre propre cause? Qui d'entre eux donc peut souffrir, que nous ne souffrions nous-mêmes? *Quis infirmatur, et ego non infirmor?* (II Cor. xi, 29.) Qui d'entre eux laisse échapper un cri de douleur, sans que ce cri ne pénètre au plus profond de nos âmes, et ne réveille en nous le sentiment d'une douleur égale? Qui d'entre eux exhale son dernier soupir, sans que nos cœurs chrétiens ne s'élèvent vers le Dieu des miséricordes, et ne l'implorent en faveur de ce frère bien-aimé? *Quis infirmatur, et ego non infirmor?* Qui d'entre eux laisse au milieu de nous ou sa veuve ou sa mère, sans que nous n'éprouvions le besoin de consoler de si grandes afflictions, et de remplacer dans cette famille désolée l'être chéri qui en faisait la gloire et l'appui? *Quis infirmatur, et ego non infirmor?*

Tout ici, M. F., réveille et excite en nous le sentiment de la plus ardente sympathie : le nombre et l'étendue des infortunes, et la noblesse de ces infortunes, et les tristesses et les misères qui se perpétueraient dans les familles éprouvées, si l'appel fait à vos cœurs pouvait rester sans écho. Quand je parle ici de nombreuses et cruelles infortunes, ne croyez pas cependant, M. F., que ma pensée soit d'éveiller en vous le sentiment de cette pitié commune, de cette commisération vulgaire que l'on éprouve au récit des grandes douleurs humaines, qui trop souvent prennent leurs sources dans les faiblesses et les défauts de ceux qui en deviennent les victimes. Il est bien vrai que le chrétien charitable, quand il s'empresse de secourir le malheureux, n'envisage que sa misère, et qu'il ne s'arrête pas, dans l'élan de sa charité, devant les causes plus ou moins avouables qui ont amené cette misère. Mais ici, M. F., les infortunes que vous êtes appelés à secourir, je les appelle nobles et glorieuses : ce sang versé, ces blessures, ces souffrances attestent l'amour de la Patrie, l'héroïsme du dévouement, l'oubli de soi-même ! Ces soldats serrés autour de leur drapeau, affrontant mille morts sans le moindre souci du péril, réalisant des choses impossibles, et surpassant tout ce que nous avions jamais entendu raconter de la valeur de nos pères, ces soldats, que faisaient-ils ? Ils obéissaient à Dieu, à leur Souverain, à leur Patrie. Ils tombaient en accomplissant le devoir le plus élevé, le plus agréable à Dieu, le devoir du sacrifice. Et il faut bien, M. F., reconnaître en eux ce glorieux mobile, il faut bien reconnaître que dans les soldats de la France, un sentiment plus qu'humain, un sentiment religieux anime et soutient leur héroïsme.

Leur courage indomptable, leur sérénité d'âme au milieu des plus terribles hasards, leur indifférence pour la mort qui menace, qui frappe, qui multiplie ses victimes, sans que rien vienne troubler, ébranler la force de leur âme, tout nous prouve, tout nous rappelle que, dans nos armées, s'est conservée pure et intacte, vive et agissante, l'antique foi de nos pères. Ils allaient au feu, ces enfants de nos campagnes élevés dans les rudes épreuves du travail, ces officiers que les années d'une jeunesse laborieuse et disciplinée avaient initiés aux grandes choses, ils allaient au feu, en pressant sur leur cœur l'image de leur Dieu et la médaille de la Patronne de la France. Leur dernière pensée était pour la patrie absente et pour cette autre patrie, leur suprême espoir!... Tous leurs désirs se tournaient alors vers le Dieu de leur enfance, vers le Dieu que leur mère leur avait appris à connaître; ils lui faisaient le sacrifice de leur vie, et la crainte de la douleur ou de la mort n'avait aucune prise sur ces consciences purifiées et vivifiées par la prière et par l'espérance du ciel.

Ah! si le Seigneur s'appelle lui-même le Dieu des armées, n'est-il pas surtout le Dieu des armées de la France? Et l'historien attentif qui suivrait le cours des événements accomplis dans le monde chrétien, depuis la fondation de la monarchie française, ne verrait-il pas que, selon la remarque de saint Grégoire de Tours, *Gesta Dei per Francos*, la France a toujours été l'instrument visible de la Providence, dans les jours où la chrétienté en péril n'attendait son salut que du Ciel? Quelle autre nation que la France a pu se garantir complétement et dès l'origine des sectes et des hérésies qui ont déchiré la robe de l'Eglise? A qui, après Dieu, les successeurs de saint Pierre doivent-ils la force et la liberté de leur pouvoir? Qui a repoussé les envahissements de l'Islamisme, et marqué les limites au delà desquelles il n'a pas été donné à la force brutale de Mahomet de prévaloir? Quels noms plus chers à la France, à l'Eglise et au monde civilisé par la Croix, que les noms de Charlemagne, de Charles-Martel et de saint Louis?

Et de nos jours, sous l'inspiration du Chef illustre et providentiel que la France s'est donné, les armées françaises n'ont-elles pas continué à faire visiblement l'œuvre de la Providence, *Gesta Dei per Francos?* Sans rappeler ici des discordes funestes, qu'il nous soit permis de remarquer le rôle glorieux de l'armée à l'époque même de nos troubles : l'Europe secouée dans ses fondements, attaquée de toutes parts par des tentatives subversives, ébranlée par le souffle des révolutions, l'Europe vit s'ajouter à ses inquiétudes le triomphe à Rome d'une théorie impossible et fatale au monde chrétien. La persécution et la fuite d'un pape, après toutes les catastrophes qui avaient troublé la société pendant deux ans, ont paru un symptôme plus effrayant que tout le reste : les nations se sont émues, les plus forts se sont sentis ébranlés, et la confiance n'est rentrée dans les cœurs que lorsque l'on a su que le successeur de saint Pierre était remonté sur son siége, porté par les bras vainqueurs des enfants de la vieille Gaule, qui accomplissaient ainsi les destinées providentielles de leur patrie, *Gesta Dei per Francos!*

Oui, le Seigneur est le Dieu de nos armées : sa volonté sur les destinées du monde les met en mouvement, sa providence les guide aux rivages d'Alger, pour porter la civilisation catholique dans cet antique repaire des farouches ennemis du nom chrétien, sur le chemin de Rome, pour y défendre, pour y protéger le visible représentant de son autorité, sur le chemin de Constantinople, pour en fermer l'accès aux armes sur lesquelles tend à s'appuyer le schisme ambitieux de Photius; sa puissance les protége, sa sagesse inspire le Souverain qui les commande, et j'en trouve une preuve facile dans le développement des desseins et des pensées de ce Prince magnanime. Vous l'avez ainsi compris vous-mêmes, et bien souvent, M. F., vous avez admiré comment ces desseins et ces pensées aboutissent toujours au bien général, trompant l'espoir des méchants, et rendant une vie nouvelle aux principes salutaires qui sont la sauve-garde de la société. Je dis donc que la sagesse divine l'inspire, et manifeste en lui l'accomplissement de cet oracle sacré qui proclame que le souverain est le ministre de Dieu pour le bien, *Dei minister in bonum* (Rom. XIII, 4). C'est Dieu qui donne aux chefs valeureux qui conduisent nos légions cette force indomptable, cet oubli d'eux-mêmes, cette abnégation sincère, cette justice et cette bonté paternelle pour le soldat, qui font de ces guerriers illustres un objet d'admiration pour nous, un objet d'envie pour les nations étrangères. Bon pour la multitude et intrépide dans le combat, *In multitudine bonus et in bello fortis* (Sapient. VIII, 15), tel est le caractère que l'Esprit saint attribue au chef d'une armée; or, je vous le demande, M. F., n'est-ce pas là le caractère sensible et dominant de ces généraux et de ces officiers de tous grades qui viennent d'ajouter aux fastes de notre gloire les noms à jamais impérissables de Magenta et de Solferino?

Me serait-il nécessaire d'ajouter des preuves à cette pensée, et de chercher encore dans l'histoire des arguments pour appuyer cet axiome, devenu pour ainsi dire une devise nationale : *Dieu protége la France?* Non, M. F., j'aime mieux vous dire que cette protection divine qui nous couvre, qui environne nos armées, et qui fait tourner leurs triomphes au triomphe de la vérité, est la récompense magnifique des vertus sublimes pratiquées dans les rangs de nos soldats. Un Père de l'Église l'a dit : « Dieu est l'ordre même, *Ordo Deus.* » L'ordre, la discipline, la soumission sont sans doute les qualités incontestables des armées de la France ; mais à côté de ces qualités qui faisaient aussi autrefois la force des armées romaines, n'avons-nous pas sujet d'admirer dans nos soldats des vertus bien autrement rares et difficiles?

Depuis qu'un gouvernement réparateur a voulu qu'il fût possible aux défenseurs de la patrie de pratiquer les devoirs de leur religion, de rendre à Dieu ce qu'ils doivent à Dieu, depuis que l'autel du catholicisme s'est redressé au milieu des camps, depuis que la croix de Jésus-Christ a brillé de nouveau au-dessus des armes et du drapeau de la France, le prêtre et le soldat se sont retrouvés dans les mêmes pensées, le prêtre avec son dévouement, le soldat avec sa foi sincère ; l'antique alliance s'est renouée d'elle-même. Car ces deux hommes se comprennent, ils s'aiment ; soumis tous deux à une vie de privations et de continuels sacrifices, appelés à des devoirs rigoureux, à des vertus héroïques, tous deux serviteurs de la société, obéissant par nature et sans jamais discuter l'ordre reçu, ces deux hommes sont faits pour s'entendre, et le soldat trouve dans la parole du prêtre une consolation et une force qui doublent sa valeur au milieu des périls, et qui l'aident puissamment à supporter les fatigues et les dures privations auxquelles il est sans cesse exposé.

` Aussi, M. F., que d'exemples touchants de piété, de foi, de charité ne nous donnent pas ces valeureux enfants de la France! Indomptables dans l'action, et, après la victoire, se faisant les frères et les infirmiers de leurs ennemis blessés ; ayant à peine, après une journée terrible, une faible portion de nourriture, et se hâtant de la partager avec quelques pauvres prisonniers. Un jour, c'est un soldat qui, au milieu du feu, aperçoit un officier ennemi blessé et penché sur son cheval, allant au hasard, exposé à tomber et à être foulé aux pieds ; le soldat français accourt et au péril de sa vie, seul au milieu des ennemis, tend les bras au blessé, et tombe, mortellement frappé, victime de son héroïque dévouement. Une autre fois, c'est tout un bataillon harassé de lassitude, et se disposant à prendre le modeste repas du soir qui se trouve être le premier de la journée ; passe un convoi de prisonniers également affamés : en un clin d'œil, l'ordinaire est partagé entre les vaincus par nos admirables soldats qui s'en réservent à peine la moindre part.

Ici, c'est un blessé ; le sang coule, la vie s'échappe, la main du pauvre blessé erre sur sa poitrine, elle y cherche son crucifix, sa médaille, tendres souvenirs qui si souvent l'ont ramené par la pensée au foyer de sa pieuse famille, il porte à ses lèvres mourantes ces précieux objets de sa foi, et seul, en présence de son Dieu, ce héros chrétien exhale son dernier soupir... Là, dans une ambulance, les mains crispées des mourants sont toutes tendues vers le prêtre, le brûlant désir d'une dernière absolution brille dans tous les yeux. L'ardeur de ce désir donne un suprême éclat à ces regards où je lis la foi la plus vive, l'espérance la plus certaine ; les mots entrecoupés qui frappent mes oreilles sont des actes d'amour, des accents de repentir et d'espoir, j'entends, se mêlant au râle de la mort, j'entends le doux murmure des noms de Jésus et de Marie.... et la mort frappe et moissonne au milieu de ces soldats français. Mais, puis-je dire avec l'Apôtre : O mort, où est ton aiguillon, où est ta victoire ? Tu frappes les corps, mais ce sont ici des âmes chrétiennes qui s'échappent de la terre, et retournent au céleste séjour.

« Que ces mourants se sentent heureux ! s'écrie un
» aumônier de l'armée, et qu'ils sentent bien aussi
» la présence de leur Dieu ! Pauvres mères, pauvres
» pères que la gloire au sein de laquelle sont tombés
» vos fils ne console pas assez, ne vous désolez pas sans
» fin ; ces fils ont encore su conquérir le ciel ; ils sont
» vivants là où vous conduiront un jour votre pieuse
» douleur, votre résignation sainte, pour les voir et les
» aimer sans cesse, tels que leur propre gloire et la mi-
» séricorde de Dieu les ont faits..... »

Oui, telle est, C. M. F., la pensée consolante qui doit adoucir de si immenses douleurs. La guerre sans doute a des rigueurs implacables, elle porte dans le sein des familles des coups terribles, et c'est avec raison que le Poëte latin l'appelle *le fléau détesté des mères ;* mais dans une armée chrétienne comme celle qui porte aujourd'hui si haut le nom et la gloire de la France, les coups de la mort perdent ce qu'ils ont de plus formidable, et une consolation réelle descend dans l'âme de la pieuse mère atteinte dans son amour maternel , c'est le souvenir de la mort chrétienne de son enfant; oui, ce souvenir verse sur la blessure de son cœur le baume de l'Espérance et de la Foi!...

O vous, M. F., qui venez ici remercier le Seigneur, et des succès remportés par les armés de la France, et de la paix glorieuse qui vient de couronner de si magnanimes efforts, manifestez en ce jour votre généreuse sympathie pour les souffrances, pour les douleurs, pour les amertumes de toutes sortes qui sont en ce moment le partage d'un grand nombre de familles que l'impérieuse nécessité du devoir accompli a frappées dans leurs plus douces affections. Une pensée grande et généreuse, émanée du cœur de l'auguste compagne du Souverain de la France, nous convie à cet acte de reconnaissance et de sympathie. Cette pensée a été comprise par les personnes dévouées qui ont pris l'heureuse initiative de la solennité qui nous rassemble, en m'offrant spontanément le concours de leurs voix pour une Messe d'actions de grâces, qui serait suivie d'une collecte en faveur des Blessés et des Familles des Militaires tués ou blessés à l'armée d'Italie. Je les prie d'en accepter ici, M. F., tant en votre nom qu'au mien, l'expression de notre vive gratitude.

La pensée chrétienne et patriotique descendue du trône n'a-t-elle pas d'ailleurs été comprise dans toute la France? et ne serait-ce pas faire injure aux plus purs et aux plus nobles sentiments de vos cœurs, que d'insister davantage sur le devoir qui nous incombe de répondre généreusement à cette pensée? Tout nous en fait un devoir, vous dirai-je en finissant : la Patrie nous y invite en nous montrant d'une main les blessures, les souf-

frances et la mort de ses enfants, et, de l'autre, les glorieuses conséquences que de si grands sacrifices doivent
avoir pour son avenir ; et la Religion nous l'ordonne,
car son précepte le plus élevé, celui qui renferme tous
les autres, est le précepte de la charité pratique et de
l'amour fraternel !

DE L'IMPRIMERIE DE BEAU, A SAINT-GERMAIN-EN-LAYE.

www.ingramcontent.com/pod-product-compliance
Lightning Source LLC
Chambersburg PA
CBHW061207050726
47594CB00008B/3610